Lerner SPORTS EN ESPAÑOL

LO MEJOR DEL DEPORTE DE TODOS LOS TIEMPOS

G.O.A.T. EN LA LUCHA LIBRE PROFESIONAL

HULK HOGAN, DWAYNE "LA ROCA" JOHNSON Y MÁS

JOE LEVIT

ediciones Lerner ◆ Mineápolis

Título original: *Pro Wrestling's G.O.A.T.: Hulk Hogan, Dwayne "The Rock" Johnson, and More*

La traducción al español fue realizada por Zab Translation.

ediciones Lerner
Una división de Lerner Publishing Group, Inc.
241 First Avenue North
Mineápolis, MN 55401, EE. UU.

Si desea averiguar acerca de niveles de lectura y para obtener más información, favor consultar este título en www.lernerbooks.com.

Fuente del texto del cuerpo principal: Aptifer Sans LT Pro.
Fuente proporcionada por Linotype AG.

Library of Congress Cataloging-in-Publication Data

Names: Levit, Joe, 1973–author.
Title: G.O.A.T. en la lucha libre profesional : Hulk Hogan, Dwayne "La Roca" Johnson y más / Joe Levit.
Other titles: Pro wrestling's G.O.A.T. Spanish
Description: Minneapolis : ediciones Lerner, 2024. | Series: Lerner sports en español. Lo mejor del deporte de todos los tiempos | Includes bibliographical references and index. | Audience: Ages 7–11 | Audience: Grades 2–3 | Summary: "Jump in the ring with the greatest grapplers of all time. Readers will take a look at some of the best wrestlers of the past and present in this fun, fact-filled book. Now in Spanish!"— Provided by publisher.
Identifiers: LCCN 2023057383 (print) | LCCN 2023057384 (ebook) | ISBN 9798765624005 (library binding) | ISBN 9798765627945 (paperback) | ISBN 9798765630983 (epub)
Subjects: LCSH: Wrestlers—United States—Biography—Juvenile literature.
Classification: LCC GV1196.A1 L49 2024 (print) | LCC GV1196.A1 (ebook) | DDC 796.812092/2 [B]—dc23

Fabricado en los Estados Unidos de América
1-1010041-51850-12/21/2023

CONTENIDO

Lacey Evans (*arriba*) derriba a Natalya Neidhart en 2019.

¡DESDE LAS CUERDAS!

La lucha profesional es el arte escénico definitivo. Ha estado entre nosotros desde finales del siglo XIX. Tanto hombres como mujeres tienen una historia de búsqueda de protagonismo en el cuadrilátero de lucha libre. Pero elegir al mejor de todos los tiempos (G.O.A.T.) es difícil, porque el deporte tiene una gran variedad de estilos, épocas y personalidades.

DATOS DE INTERÉS

RIC FLAIR ganó ocho campeonatos de la Alianza Nacional de Lucha (NWA) y seis Campeonatos Mundiales de Lucha (WCW).

MANAMI TOYOTA tiene 13 combates cinco estrellas.

Muchos luchadores profesionales tienen movimientos finales muy conocidos. **LA ROCA** tenía el People's Elbow, **RANDY SAVAGE** tenía el Flying Elbow Drop y **STEVE AUSTIN** el Stone Cold Stunner.

TRISH STRATUS ganó el Campeonato Femenino de WWE siete veces. Eso es más que ninguna otra mujer en la historia de la lucha profesional.

Los países tienen estilos muy diferentes de lucha. En México, la lucha profesional se llama lucha libre. Los luchadores mexicanos usan máscaras coloridas y son artistas que vuelan alto. En el puroresu, la lucha profesional japonesa, los luchadores exhiben movimientos precisos y habilidades técnicas. En el caso de los luchadores estadounidenses, la espectacularidad es tan importante como la habilidad.

La liga de lucha profesional más grande de Estados Unidos se llama World Wrestling Entertainment (WWE). La liga se inició en 1952. Anteriormente se la conocía como World Wide Wrestling Federation (WWWF) y World Wrestling Federation (WWF).

Cuando la lucha profesional comenzó en Estados Unidos, los luchadores eran mayormente blancos. Pero la igualdad en el deporte mejoró con el tiempo. Bobo Brazil entró al cuadrilátero a finales de la década de 1950. Sus combates contra estrellas como Buddy Rogers y Bruno Sammartino ayudaron a que otros estadounidenses negros entraran al deporte.

Ser profesional implica muchas cosas. Los mejores luchadores tienen varias características en común. Los luchadores deben vender rivalidades hablando mal de sus oponentes. Necesitan tener una entrada musical y un estilo que entusiasme a la multitud. Deben ser atléticos y habilidosos en el cuadrilátero. Y necesitan un movimiento final memorable.

El luchador mexicano Blue Demon Jr. usando su famosa máscara.

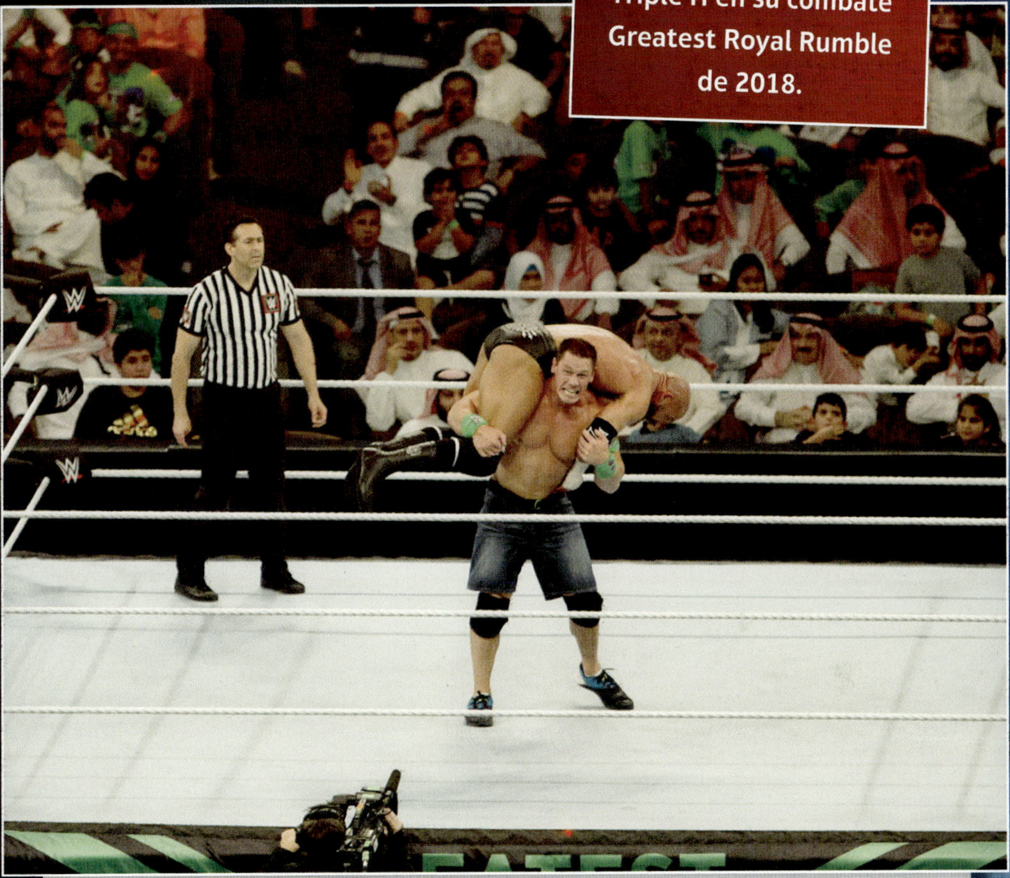

John Cena carga a Triple H en su combate Greatest Royal Rumble de 2018.

Los mejores tienen múltiples títulos de lucha. Han tenido combates cinco estrellas y tienen posibilidades de entrar en el Salón de la Fama. Puede que no conozcas todos los nombres de este libro. Es posible que sientas que alguien importante, como John Cena, Lita o The Undertaker, fueron dejados de lado. Está bien no estar de acuerdo con esta lista. Este libro trata más que nada de debatir sobre los mejores luchadores profesionales.

N.º 10

TRISH STRATUS

El famoso movimiento de Trish Stratus, Stratusfaction, ponía fin a muchos combates. Después de trabar a una oponente con una llave de cabeza, la lanzaba hacia las cuerdas. Se impulsaba pateando desde la cuerda superior y usaba esa fuerza para aplastar a sus adversarias contra la lona hasta que se rendían.

Durante años, Stratus tuvo una enemistad con la luchadora rival Lita. Estas dos titanes de la lucha femenina tuvieron una de sus mejores batallas en 2004. Lita hizo una vuelta hacia atrás desde la cuerda superior hacia el final del combate, mientras que Stratus estaba tendida en la lona. Después se estrelló contra Stratus para completar el movimiento de moonsault. Ganó Lita.

Stratus tuvo su venganza dos años más tarde en el combate anual Unforgiven. Después de una contienda larga, Stratus le retorció las piernas a Lita en una sujeción de sumisión. Lita se vio forzada a rendirse. Stratus se convirtió en campeona por séptima vez y marcó un récord.

ESTADÍSTICAS DE TRISH STRATUS

- Ganó siete campeonatos femeninos de la WWE.
- Fue nombrada Diva de la Década de la WWE en 2003.
- Es una de las únicas cuatro mujeres en ganar un Campeonato Extremo de la WWE.
- Fue cuatro veces la Mujer del Año de *Pro Wrestling Illustrated.*
- Fue admitida en el Salón de la Fama de la WWE en 2013.

N.º 9

BRUNO SAMMARTINO

Bruno Sammartino fue uno de los mejores luchadores de la WWWF durante las décadas de 1960 y 1970. Con solo su fuerza y su tamaño se convertía en un oponente difícil cada vez que subía al cuadrilátero. Era famoso por usar el movimiento final del abrazo de oso para ganar muchos combates, lo que lo ayudó a anotar la racha de victorias más larga de la historia de la lucha libre.

En 1963, Sammartino venció al campeón de la WWWF Buddy Rogers en 48 segundos y obtuvo el título. Después de eso, la racha de victorias de Sammartino duró un récord de 2803 días, es decir, casi ocho años.

Con frecuencia, Sammartino se enfrentaba con el dueño de la WWWF, Vince McMahon Sr. McMahon apoyaba a los luchadores que hacían un buen espectáculo, aunque estuvieran involucrados en escándalos, mientras que Sammartino quería concentrarse en luchar, *no* en el entretenimiento. Se condujo con clase y dignidad durante toda su carrera. La segunda racha de victorias de Sammartino duró otros 1237 días.

ESTADÍSTICAS DE BRUNO SAMMARTINO

- Ganó dos Campeonatos de Peso Pesado Mundiales de la WWWF.
- Agotó las entradas al Madison Square Garden de la ciudad de Nueva York un récord de 188 veces.
- Levantó 565 libras (256 kg) en 1959 y marcó un récord mundial no oficial en la fuerza en banco.
- Fue admitido en el Salón de la Fama de la Lucha Profesional en 2002.
- Fue admitido en el Salón de la Fama de la WWE en 2013.

N.° 8

SHAWN MICHAELS

Es famosa la patada Sweet Chin Music de Shawn Michaels, un movimiento en el que patea la barbilla de su oponente. Durante su larga carrera, Heartbreak Kid ocupó tanto el lugar de villano odiado como de favorito de los fanáticos. Era un competidor pequeño pero feroz.

Michaels fue el primero en entrar al cuadrilátero en el Royal Rumble de 1995. A pesar de esa desventaja, duró más que los otros 29 luchadores y obtuvo la victoria. Michaels también tuvo muchas luchas clásicas con The Undertaker, incluido el famoso combate en una jaula en 1997. Fue una batalla sangrienta. Pero Michaels, con la ayuda del luchador Kane, sujetó a The Undertaker y ganó.

En el evento principal en WrestleMania 20, Michaels se enfrentó a Triple H y Chris Benoit. Benoit obtuvo el título de peso pesado, pero el desempeño de Michaels ayudó a que el combate fuera inolvidable para los fanáticos.

ESTADÍSTICAS DE SHAWN MICHAELS

- Ganó un campeonato de la WWE y tres campeonatos de la WWF.
- Ganó tres campeonatos intercontinentales de la WWF.
- Ganó el Royal Rumble en 1995 y 1996.
- Tuvo dos combates cinco estrellas.
- Fue admitido en el Salón de la Fama de la Lucha Profesional en 2017.

N.° 7

"MACHO MAN" RANDY SAVAGE

"Macho Man" Randy Savage era famoso por su intensidad. Su voz rasposa le daba a cada aparición promocional un encanto amenazador. Su vestimenta estaba desgarrada y los colores desentonaban. Los aficionados a la lucha de cualquier lugar reconocían sus anteojos de sol de gran tamaño.

Dentro del cuadrilátero, Savage se enfrentaba a cada oponente con su estilo enérgico. Enfrentó a grandes estrellas y las venció

a todas con su movimiento final Flying Elbow. Con su oponente en el suelo, se paraba sobre la cuerda superior. Después de enardecer a la multitud, saltaba de la cuerda y caía sobre su oponente con el codo.

Savage tuvo también combates de WrestleMania, incluido WrestleMania III. Antes del enfrentamiento, Savage había dañado a su oponente Ricky Steamboat en la garganta con una campaña. Steamboat pudo vengarse en WrestleMania III y le puso fin a la racha de campeón intercontinental de Savage. Savage perdió, pero él y Steamboat hicieron un gran espectáculo en el cuadrilátero ese día.

ESTADÍSTICAS DE "MACHO MAN" RANDY SAVAGE

- Ganó cuatro Campeonatos Mundiales de Lucha (WCW).
- Ganó dos campeonato de la WWF.
- Ganó un campeonato intercontinental de la WWF.
- Tuvo un pequeño papel como el luchador Bone Saw McGraw en la película *Spider-Man* de 2002.
- Fue admitido en el Salón de la Fama de la Lucha Profesional en 2009.

N.° 6

DWAYNE "LA ROCA" JOHNSON

La lucha es una forma de vida en la familia Johnson. El padre y el abuelo de Johnson son luchadores profesionales, por lo que fue difícil estar a la altura. Pero Johnson se hizo un nombre propio y cautivó al público. Sus apariciones promocionales eran algunas de las mejores del negocio.

Johnson usaba una combinación matadora de movimientos para liquidar a sus oponentes. Primero, golpeaba a su adversario contra la lona con el movimiento Rock Bottom. Luego dejaba caer con todo su peso con el codo en el movimiento final People's Elbow. Johnson tuvo muchas grandes victorias. Pero muchos consideran que su mejor combate fue contra Steve Austin en WrestleMania X-Seven. Austin golpeó a Johnson con una silla al final y lo venció. Pero La Roca desplegó una lucha dura.

En estos días, Johnson es una estrella de cine. Tuvo papeles protagónicos en películas de acción, como las de la serie de *Rápidos y furiosos*. También fue la voz del personaje de Maui en *Moana*.

ESTADÍSTICAS DE DWAYNE "LA ROCA" JOHNSON

- Ganó ocho campeonatos de la WWE.
- Ganó cinco campeonatos en equipos o tag team de la WWF.
- Ganó dos campeonatos intercontinentales de la WWF.
- Ganó dos Campeonatos Mundiales de Lucha (WCW) de Peso Pesado.
- Ganó el Royal Rumble en el año 2000.

N.° 5

MANAMI TOYOTA

La luchadora japonesa Manami Toyota comenzó su carrera a los 16 años. Tenía una capacidad atlética y pasión increíbles y dominaba las combinaciones de movimientos. Toyota concatenaba cuasicaídas a una velocidad sorprendente. En todas sus presentaciones había fuerza y emoción.

Toyota se enfrentó a Kyoko Inoue en 1992. Completaron un argumento complejo a elevada velocidad. Muchos consideraban que las dos tenías las mejores habilidades de la lucha femenina. El periodista de *Wrestling Observer Newsletter* Dave Meltzer era uno de ellos. Le dio al combate una calificación de cinco estrellas.

Toyota luchó contra su rival Toshiyo Yamada más tarde ese año, en lo que se convirtió en su famoso combate por la cabellera. La que perdía tendría que cortarse el pelo en público. Toyota lanzaba a Yamada con sus movimientos temerarios. Yamada volteó a Toyota con una serie de suplexes. Ganó Toyota, y miró cómo afeitaban la cabeza de Yamada como forma de humillación.

ESTADÍSTICAS DE MANAMI TOYOTA

- Ganó dos campeonatos All Pacific.
- Ganó cuatro campeonatos mundiales individuales de la Asociación Mundial de Lucha Libre Femenina (WWWA).
- Ganó tres campeonatos mundiales en equipos o tag team de la WWWA.
- Obtuvo dos veces la distinción de *Wrestling Observer Newsletter* de Combate del Año.
- Tiene 13 combates cinco estrellas.

N.° 4

BRET "THE HITMAN" HART

Bret Hart era un luchador técnico fantástico. Tenía la habilidad de convertir cada combate en algo apasionante, incluso cuando enfrentaba a luchadores inferiores en el cuadrilátero. The Hitman desfilaba con sus famosos atuendos rosas y anteojos de sol.

Hart venía de una familia de luchadores. Uno de sus mejores combates fue contra su hermano menor, Owen Hart, en

WrestleMania X. Los dos habían estado demostrando su enemistad durante años. Al final de WrestleMania X, Owen Hart arrastró a su hermano al centro del cuadrilátero. Después de envolver con una de sus piernas las piernas de su hermano, el joven Hart dio vuelta a su hermano mayor sobre su abdomen. Owen Hart había usado el movimiento de sumisión sharpshooter, que era el favorito de su hermano. Perdió el mayor de los Hart, pero muchos aficionados creen que fue el mejor combate de WrestleMania de todos los tiempos.

Otro combate clásico se dio cuando Hart venció a Steve Austin, que era un villano. Para el final del combate de WrestleMania 13, los papeles se habían invertido. Hart se convirtió en un villano y Austin era el nuevo héroe de la WWE.

ESTADÍSTICAS DE BRET "THE HITMAN" HART

- **Ganó dos Campeonatos Mundiales de Lucha (WCW).**
- **Ganó cinco campeonatos de la WWF.**
- **Ganó el Royal Rumble en el año 1994.**
- **Tuvo dos combates cinco estrellas.**
- **Fue admitido en el Salón de la Fama de la Lucha Profesional en 2008.**

N.° 3

HULK HOGAN

Hulk Hogan no era un gran luchador técnico. Pero fue una superestrella durante dos décadas porque sabía lo que la gente quería ver. Podía crear argumentos convincentes dentro y fuera del cuadrilátero. Este mítico personaje tenía figuras coleccionables. Incluso tuvo su propia serie de dibujos animados.

Hogan compitió contra estrellas de la lucha como Ric Flair, The Ultimate Warrior y La Roca. Pero hay dos combates de WrestleMania por los que es más conocido. Tuvo que mirar hacia arriba para ver a su oponente en WrestleMania 3. André el Gigante medía más de 6 pies 8 (2 m) de alto. De alguna manera, Hogan levantó al Gigante y lo dio contra la lona para mantener su título.

En WrestleMania 5, Hogan se enfrentó con Randy Savage. Ambos hombres estaban en su mejor momento. Fue un combate activo y entretenido. Pero al final Hogan venció a Savage y fue quien se llevó el campeonato de la WWF.

ESTADÍSTICAS DE HULK HOGAN

- Ganó seis Campeonatos Mundiales de Lucha (WCW).
- Ganó seis campeonatos de la WWF/WWE.
- Ganó el Royal Rumble en 1990 y 1991.
- Interpretó al luchador Thunderlips en la película de 1982 *Rocky III*.
- Fue admitido en el Salón de la Fama de la Lucha Profesional en 2003.

N.° 2

"STONE COLD" STEVE AUSTIN

Antes de que "Stone Cold" Steve Austin entrara en el cuadrilátero, los fanáticos oían vidrios que se rompían desde los altavoces del estadio. El sonido indicaba que Austin estaba llegando. Austin llevó el papel de luchador con aspecto duro a nuevas dimensiones. Arrojaba insultos amenazadores en las apariciones promocionales. Y la serpiente de cascabel de Texas tenía un movimiento final fantástico, el Stone Cold Stunner.

Austin comenzó su carrera como villano. Pero en WrestleMania 13, dio un giro para bien. Estaba en un combate de sumisión contra Bret Hart. Austin estaba perdiendo, pero en lugar de rendirse, perdió el conocimiento. Su dedicación hizo que los fanáticos lo vieran como un ídolo. Esto le permitió convertirse en un héroe.

Cuatro años después, Austin volvió a su papel de villano. Iba a luchar contra La Roca en WrestleMania X-Seven. Nadie podía ser descalificado en este combate. De modo que Austin golpeó a La Roca con una silla. Logró ganar, pero perdió su buena reputación.

ESTADÍSTICAS DE "STONE COLD" STEVE AUSTIN

- Ganó seis campeonatos de la WWF.
- Ganó cuatro campeonatos en equipos o tag team y dos campeonatos intercontinentales de la WWF.
- Ganó el Royal Rumble en 1997, 1998 y 2001.
- Tuvo dos combates cinco estrellas.
- Fue admitido en el Salón de la Fama de la Lucha Profesional en 2016.

N.° 1

RIC FLAIR

"The Nature Boy" Ric Flair lo tenía todo: el aspecto, el encanto, el ingenio y el estilo fuera del cuadrilátero, y la fuerza y la habilidad dentro. La llave figure-four leglock de Flair es uno de los movimientos de sumisión más conocidos de todos los tiempos. Y enardecía a las multitudes con sus apariciones promocionales.

Fue la atracción principal de las ligas de lucha National Wrestling Alliance (NWA) y WCW durante una década. Luego llegó a la WWE. Superó a grandes nombres como The Undertaker y Hulk Hogan para ganar el Royal Rumble de 1992.

En 1989, Flair tuvo sus mejores luchas en un conjunto de tres combates contra Ricky Steamboat. Steamboat ganó el primero, y el segundo combate fue un empate. Flair se aprovechó de un error de Steamboat en el tercer combate. Flair venció a Steamboat en una sujeción clásica envolviendo un brazo alrededor del cuello de Steamboat y con el otro brazo detrás de la rodilla de Steamboat; así lo sujetó y obtuvo el título.

ESTADÍSTICAS DE RIC FLAIR

- Ganó ocho campeonatos de la NWA.
- Ganó seis Campeonatos Mundiales de Lucha (WCW).
- Ganó el campeonato de la WWF en dos ocasiones.
- Tuvo once combates cinco estrellas.
- Fue admitido en el Salón de la Fama de la Lucha Profesional en 2006.

TU G.O.A.T.

ES TU TURNO DE HACER UNA LISTA DE LOS G.O.A.T. DE LA LUCHA PROFESIONAL. Haz que tu oponente se rinda investigando un poco. Considera cuidadosamente las clasificaciones de este libro. A continuación, consulta la sección Más Información en la página 31. Allí verás libros y sitios web en los que obtendrás más información sobre los mejores luchadores profesionales del pasado y del presente. Consulta en tu biblioteca, que puede tener otros recursos para ayudarte.

Una vez que estés listo, haz tu lista de los mejores luchadores profesionales de todos los tiempos. A continuación, pide a tus amigos que hagan sus propias listas y compárenlas. ¿Tienes héroes o villanos que nadie incluyó en la lista? ¿Te falta alguno que tus amigos consideren que debe estar en tu lista? ¡Háblales e intenta convencerlos de que tu lista es la G.O.A.T.!

ALGUNOS DATOS SOBRE LA LUCHA

- El periodista especializado en lucha profesional Dave Meltzer hizo un ranking de los combates en *Wrestling Observer Newsletter* que se inicia en 1982.
- Según la base de datos en internet Wrestling, el combate de lucha libre más largo tuvo lugar en 2015. Chris Hero (ahora conocido como Kassius Ohno) participó en un combate gauntlet, que es una serie de minicombates, durante tres horas.
- Un luchador profesional puede ganar un combate de múltiples maneras. Puede sostener los hombros del oponente contra la lona durante tres segundos. Puede forzar a un oponente a rendirse. Puede hacer que se descalifique a un oponente manteniéndolo fuera del cuadrilátero durante demasiado tiempo. O puede noquear a un oponente.
- El primer evento de WrestleMania se celebró el 31 de marzo de 1985 en el Madison Square Garden.
- *GLOW* fue una serie de televisión basada en el grupo Gorgeous Ladies of Wrestling de la década de 1980. La luchadora profesional Kia Stevens, conocida como Awesome Kong, actuó en *GLOW*.

GLOSARIO

aparición promocional: un breve discurso que dan los luchadores para alimentar el interés en un combate

combate cinco estrellas: una calificación alta en un combate otorgada por el periodista Dave Metzler en *Wrestling Observer Newsletter*. Metzler califica a los combates según la acción y el entretenimiento.

cuasicaída: cuando un luchador casi logra sostener los hombros de su oponente contra la lona, pero no lo hace

equipo o tag team: cuando dos luchadores compiten contra otro par por un título

héroe: un luchador que es una "buena persona", alguien a quien los fanáticos alientan

movimiento final: una manera fascinante y bien conocida que un luchador usa con frecuencia para acabar con un oponente

Royal Rumble: cuando 30 luchadores entran al cuadrilátero a la vez para competir. El que aún está en el cuadrilátero al final es el ganador.

sujeción de sumisión: poner a un oponente en una posición dolorosa de forma tal que desee abandonar en lugar de continuar

suplex: cuando un luchador hace dar una vuelta a otro luchador sobre su propia espalda para golpear al oponente contra la lona

rendirse: cuando un oponente abandona ante otro luchador porque una sujeción de sumisión le causa dolor

villano: el "malo" de los luchadores, alguien a quien los fanáticos abuchean

WrestleMania: el evento de lucha anual más importante de la WWE

MÁS INFORMACIÓN

American Women's Wrestling
https://www.americanwomenswrestling.com/

Fishman, Jon M. *G.O.A.T. en el boxeo: Muhammad Ali, Manny Pacquiao y más* Mineápolis: ediciones Lerner, 2025.

Professional Wrestling Hall of Fame
https://www.pwhf.org

Shields, Brian, and Dean Miller. *35 Years of WrestleMania.* Nueva York: DK, 2019.

Tracosas, L. J. *WWE Kicking Down Doors: Female Superstars Are Ruling the Ring and Changing the Game!* Nueva York: DK, 2020.

World Wrestling Entertainment Network
https://www.wwe.com

ÍNDICE

CRÉDITOS POR LAS FOTOGRAFÍAS

Créditos de las imágenes: AP Photo/Amr Nabil, p. 4; Luis Gutierrez/NortePhoto.com/Alamy Stock Photo, p. 6; AP Photo/Amr Nabil, p. 7; Don Arnold/WireImagey/Getty Images, pp. 8, 9 (arriba); Allstar Picture Library Ltd/Alamy Stock Photo, p. 9 (abajo); AP Photo/George Napolitano/MediaPunch/IPx, pp. 10, 11 (todas); Z Sports Images/Collection/Newscom, p. 12; Olivier Andrivon/Icon Sport//Getty Images, p. 13 (abajo); KMazur/WireImage/Getty Images, p. 13 (arriba); PF1/WENN/Newscom, p. 14; PHOTOlink/Alamy Stock Photo, pp. 15 (abajo), 20, 21 (arriba), 23 (abajp); John Barrett/PHOTOlink/Newscom, p. 15 (arriba); George Napolitano/FilmMagic/Getty Images, p. 16; Kevin Mazur/WireImage/Getty Images, p. 17 (arriba); AP Photo/Diego Corredor, p. 17 (abajo); Nippon News/Alamy Stock Photo, p. 18; Aflo Co. Ltd./Alamy Stock Photo, p. 19 (todas); MediaPunch Inc/Alamy Stock Photo, p. 21 (abajo); AF archive/Alamy Stock Photo, p. 22; Yukio Hiraku/AFLO/Alamy Stock Photo, p. 23 (arriba); Globe Photos/ZUMAPRESS.com/Alamy Stock Photo, p. 24; AP Photo/Paul Abell, p. 25 (arriba); AP Photo/Jonathan Bachman, p. 25 (abajo); ZUMA Press, Inc./Alamy Stock Photo, p. 26; MediaPunch Inc/Alamy Stock Photo, p. 27 (arriba); Aflo Co. Ltd/Alamy Stock Photo, p. 27 (arriba); Kleka/Shutterstock.com, p. 28.

Portada: Chris Ryan - Corbis/Getty Images; MediaPunch Inc/Alamy Stock Photo; Inked Pixels/Shutterstock.com.